GW00818700

grand habitat

ISBN 2-907010-28-X

# habitat

20 ans de quotidien en France

CONCEPTION PHILIPPE RENAUD
STYLISME PASCALE LE MASSON
COORDINATION CORINNE FOSSEY
RÉALISATION TECHNIQUE BLANC DE ZINC

GILLES DE BURE

PHOTOGRAPHIES JEAN-PIERRE DIETERLEN

# habitat

## 20 ans de quotidien en France

MICHEL AVELINE EDITEUR

Certes, l'idée n'est pas nouvelle. Et, sans remonter au-delà de la première guerre mondiale, on constate que tous les mouvements dits d'avant-garde l'avaient formulée avant lui.

Qu'il s'agisse de De Stijl ou du Constructivisme, de l'Esprit Nouveau ou du Bauhaus, de l'UAM ou des diverses mouvances "modernes", tous - et chacun à sa manière - avaient pareillement affirmé : "l'utile peut être beau, et le beau peut être accessible."

Au début des années 1960, en disant cela, Terence Conran n'invente rien. Certes.

Mais voilà, la grande différence entre Conran et ses prédécesseurs en vœux pieux, réside dans le fait qu'il n'est, lui, ni un idéologue, ni un théoricien. Entendons-nous, comme lui, ses prédécesseurs étaient des praticiens ; mais doublés d'intellectuels. Conran ne procède pas de ces mondes-là : l'idéologie, la théorie. Conran est avant tout, comme disent les anglo-saxons, un "doer", quelqu'un qui fait : dès que Conran commence à penser, il commence à agir. Plutôt que mettre en théorème, il met en pratique, il met en actes. On devrait même dire, il met en formes, il met en scène. Mais nous y reviendrons.

Au début des années 1960 donc, Terence Conran pense et affirme : "l'utile peut être beau, et le beau accessible." Sitôt pensé et dit, sitôt fait. En 1964, Terence Conran ouvre son premier magasin Habitat à Londres.

## SWINGING LONDON

Les années 1960 furent, à Londres, un embrasement. Là-bas, disait-on ici, s'invente la modernité. 1945 était déjà loin, et 1968 tout proche. De Carnaby Street à King's Road en passant par Fulham, la route allait être courte, surtout au volant de la Mini Morris que venait juste de dessiner le designer gréco-britannique Alec Issigonis (qui sera pour cette performance, anobli par la Reine).

En 1960, John Fitzgerald Kennedy est élu président des Etats-Unis. Son élection coïncide avec les débuts du Pop Art, à New-York comme à Londres. Certains y voient le double signe d'un renouveau fondamental des idées et de la façon de les exprimer.

D'autant que la styliste Mary Quant et le coiffeur Vidal Sassoon s'appliquent à les traduire et à les faire descendre dans la rue. Ils se choisissent pour ambassadrices deux mannequins au style et au look inhabituels : Twiggy et la Shrimp.

Londres s'embrase donc et danse jusqu'à l'aube aux sons nouveaux des Beatles et des Stones. Côté arts plastiques tout va bien aussi : on découvre David Hockney (il reçoit en 1961, encore étudiant, le prix Guiness) et on consacre Francis Bacon (au musée Guggenheim à New-York en 1963).

Londres se grise de liberté, exalte les vertus d'identité, d'autonomie et de différence et applaudit à tout rompre à la projection de "Dr. Folamour", le film ambigu que lui offre Stanley Kubrick en 1964.

Londres danse, chante, rit, sans vraiment se rendre compte que Michelangelo Antonioni la révèle à elle-même en 1965 avec "Blow-up". C'est une montée au paradis, un glissement progressif vers le plaisir, une accélération sans limite - "sans fin la fête" disait Bakounine...

En 1969, le premier opéra-rock des Who, "Tommy" éclipse largement les premiers pas de l'homme sur la Lune et, l'année suivante, le festival pop de l'Ile de Wight réunira plus de 500.000 participants : "mods", "rockers" et "hippies" y communient en parfaite harmonie.

L'ouverture de l'"Art Laboratory", en 1971, par Anthony Blond dans un immense hangar souterrain à King's Road inaugure l'ère des lofts, institutionnalise l'expression marginale et recentre définitivement Londres dans ses quartiers Sud-Ouest.

## COMMENT L'ESPRIT VINT A TERENCE

C'est dans ce contexte trépidant que Terence Conran va ouvrir son premier magasin Habitat dans Fulham Road. Dans ce contexte résolument iconoclaste et vaguement avant-gardiste il va réussir à combiner tradition et innovation, archaïsme et modernité, avec une simplicité et une science confondantes. Récent diplômé de la Central School of Arts and Crafts de Londres, Terence Conran débarque à Paris en 1951, pour y poursuivre une romance débutée à Londres. Et c'est pour le coup qu'il tombe amoureux : de la Tour Eiffel et des marchés de Provence, de la douceur de vivre et des vins de Bourgogne. Pour gagner sa vie, entre deux échappées provinciales, il fait la plonge au célèbre restaurant "La Méditerranée" qui fait face au théâtre de l'Odéon. De la plonge il passe aux cuisines et subit un second coup de foudre : les fourneaux deviennent sa nouvelle passion.

Terence aime la France. Il y découvre la vie. Mais sa vie immédiate est à Londres. Il y retourne et fort de son expérience parisienne, il y ouvre, avec quelques amis, un petit restaurant "The Soup Kitchen", un établissement simple, décontracté, convivial et bon marché. "A mi-chemin entre les fish and chips et le Savoy" confiera-t'il plus tard. Précisément, entre les deux, à Londres, rien n'existait. L'endroit marche si bien qu'après Piccadilly, Terence et ses amis en ouvrent un autre à Londres puis d'autres encore en province...

En 1956, Terence revend le tout et fonde le Conran Design Group. Et commence d'exercer le métier auquel le destinaient ses études. Il dessine des meubles en métal et en bois, les fabrique et les vend. La légende veut qu'il les ait livrés lui-même en métro et que de cette expérience naquit, chez lui, le goût du meuble à monter...

Quoiqu'il en soit, le Conran Design Group agit. En 1960, il a trois unités de production en ville et emploie cent personnes. En 1963, il a deux cent cinquante employés et exporte vers la Hollande et l'Allemagne.

Des marchés de Provence et des caves de Bourgogne, Terence a gardé le goût des senteurs, de la simplicité, des matériaux naturels, de la fonction faite forme. Le bois naturel et le bois teint sont ses matières de base. Les ustensiles, les objets de fonction, ses formes basiques. Tout ce que génère le Design Group, tout ce que produisent ses ateliers, est marqué de ce sceau-là. Cela n'empêche pas Conran de dessiner dans un style plus "pop", plus expressif, la boutique de Mary Quant. Dans le même temps, Terence est exaspéré par la manière dont sont reçues ses créations par les circuits de distribution britanniques. Il a, par ailleurs, constaté que les magasins de

beau, la vie tous jours!

habitat

habitat
habitat

habitat

le plus bleu des étés!

meubles, vides en semaine, ne s'animent que le samedi. De la conjonction de cette exaspération et de cette constatation va naître un nouveau concept de magasin auquel il donnera le nom percutant de "Habitat".

En 1964, donc, le premier Habitat ouvre ses portes sur Fulham Road. Terence a fait fort. Il a déjà le génie des relations publiques. Génie qui renforce considérablement son sens de l'époque. Ses vendeuses sont coiffées par Vidal Sassoon et habillées par Mary Quant. Parmi ses invités, on compte les Beatles, la Shrimp, Lord Snowdon et tout le Londres qui "danse et qui chante." La couverture presse est exceptionnelle, les louanges dithyrambiques et, dès le lendemain, tout le Londres consommateur se presse à Fulham Road pour y découvrir un mobilier simple et fonctionnel, des matériaux naturels, du linge coloré, des accessoires pratiques et tout cela à des prix très étudiés.

Mais surtout, un magasin différent. Une différence qui ne vient pas seulement des produits et de leurs prix, en totale rupture avec les styles Tudor, Victoria et autres qui sont le quotidien des îles Britanniques. Une différence qui s'exprime surtout en termes de concept de présentation et de diversité.

Fort du constat, Terence a réuni en un seul espace ce qui se vend, à l'époque, en plusieurs lieux : meubles d'un côté, libre-service de l'autre. Du plus petit au plus gros, tout est ici réuni. Venir, regarder, flâner, revenir, acheter, tout est possible chez Habitat.

Mais c'est surtout la mise en scène du magasin qui fait la diffé-rence. Accumulations, profusion, vision, immédiateté, humour, sensualité... tout est fait pour que l'œil et la main saisissent et s'approprient, pour que l'esprit s'identifie.

Le succès est immédiat. Les quatre années qui suivent verront l'ouverture de quatre nouveaux magasins Habitat et, dans ses unités de production, Terence compte dorénavant quatre cent cinquante employés. Signe des temps, et sans que ni l'un ni l'autre ne puisse imaginer ce que l'avenir leur réserve, tandis que Terence Conran ouvre son premier Habitat à Londres, à quelques milliers de kilomètres, dans la banlieue de Stockholm, Ingvar Kamprad ouvre son premier Ikea, concrétisation d'expé-riences antérieures et d'une réflexion complémentaire à celle de Terence.

## FRANCE, ANNEE ZERO

Alors que Londres swinguait, Paris dormait. Ou plutôt pen-sait. Autant Londres était pragmatique, autant Paris restait théoricienne. Paris rêvait, un œil fixé sur Londres, l'autre sur Milan. Paris rêvait à l'énergie et à la joie de vivre de ses deux rivales. Paris écoutait la musique venue d'Outre-Manche et s'asseyait, éventuellement, sur les sièges venus d'Outre-Alpes. Mais Paris hésitait à agir, engluée dans ses pesan-teurs sociologiques, émerveillée par ses splendeurs passées, respectueuse et fière de son fameux "sens de la mesure".

Bien sûr, quelques designers talentueux, tels Roger Tallon, Olivier Mourgue, Marc Berthier, Marc Held s'évertuaient à se faire éditer. Bien sûr, quelques journalistes telles Jacqueline Chaumont, Colette Gouvion, Alice Morgaine, Mariella Righini, Marielle Hucliez s'attachaient à informer et à commenter.

grand **habitat**

SOL
c'est
les
DES
so des!

c'est beau, la vie de tous les jours!

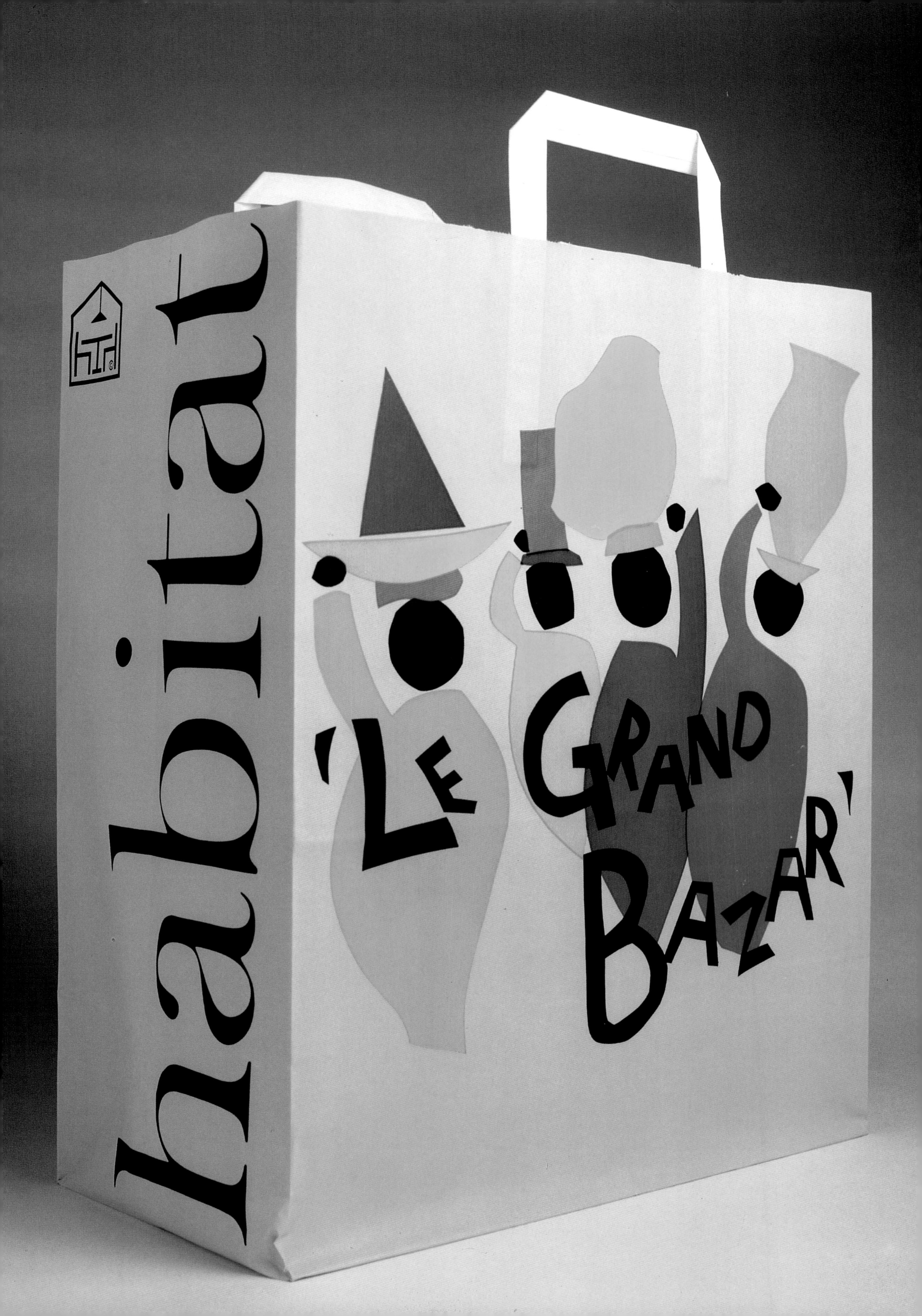
habitat
'LE GRAND BAZAAR'

également, un formidable vecteur de communication : qu'il s'agisse du verre "Vendange" qu'on ne voyait plus à force d'habitude et que l'on redécouvre, pyramide aidant, ou encore du sac à soufflet qui se promène à travers la ville et ainsi véhicule l'image...

Bouche à oreille et relations presse conjugués, snobisme et convivialité mêlés, passage du "prix populaire" à l'image "grand chic", tous les ingrédients sont réunis pour faire d'Habitat une réelle valeur médiatique.

Mais là comme ailleurs, Habitat accorde la plus grande attention et le plus grand soin à ses productions. Il suffit pour s'en convaincre de constater la simplicité, l'intelligence, l'élégance et la lisibilité des dossiers de presse qui, trois fois par an (catalogue, jardin, Noël) sont adressés aux journalistes.

Et de considérer avec quel soin sont choisis, depuis quelques années, par Bénédicte Cartigny, au flair et au talent incontestables, les lieux où l'équipe présente, en avant première, la nouvelle collection : Jardins de l'Observatoire, Musée de la Marine, Théâtre des Champs-Elysées, Musée des Arts Africains et Océaniens, Piscine des Halles, Cité de la Musique, Institut du Monde Arabe, Palais des Etudes de l'Ecole des Beaux-Arts... Toujours des lieux nouveaux ou inattendus, mais en parfaite adéquation avec, à la fois, l'esprit Habitat et la réalité ou le goût de l'époque.


## ET PENDANT CE TEMPS-LA

Car il est impossible de dissocier Habitat de l'époque. Impossible de ne pas constater que son insensible évolution correspond parfaitement aux légères crispations du monde. Tour à tour symbole d'émancipation et valeur refuge, Habitat exprime à chaque instant sa combinaison fondatrice : tradition et innovation, archaïsme et modernité.

Il suffit d'observer les oscillations du monde pendant la première décennie de présence d'Habitat en France pour effectivement constater que le balancier est toujours dans le camp d'Habitat : soit côté tradition, soit côté modernité. La parfaite jonction entre son arrivée en 1973 et le premier choc pétrolier (que viendront confirmer ceux de 1976 et de 1979) en témoigne amplement. Chance ? C'est à voir...

La mort de Pompidou suivie de l'élection de Giscard d'Estaing en 1974 n'a, semble-t'il, aucun lien avec l'histoire qui nous concerne. Et pourtant, ce double événement marque l'entrée de la France dans une époque plus ouverte, plus curieuse (la nomination de Michel Guy à la culture et la loi sur l'IVG arrachée par Simone Veil...) même si elle reste encore figée sur ses pesanteurs. La même année, d'ailleurs, on inaugure l'aéroport de Roissy, l'appareil Polaroïd est sur le marché et Moreno invente la carte à mémoire, petits frémissements de modernité, qui seront suivis en 1975 par l'apparition du rasoir Bic jetable et du four à micro-ondes. Une modernité ambiguë dont on ne sait si c'est le progrès ou la consommation qui la domine : on s'émerveille de la réussite de Vénus 2 sur Mars (1976), du lancement de la première fusée Ariane (1979) et de l'arrivée de l'Apple de Macintosh (1981), mais la sanisette Decaux (1980), que les services de Jacques Chirac, élu Maire de Paris en

1977, installent à tous les carrefours, fait grincer les dents... Modernité extraordinairement ambiguë donc, que l'apparition des Verts en 1977 ou celle de Coluche qui explose en 1975 et qui la brocarde allègrement, ne contribue pas à décrypter. Surtout, la France se ridiculise en participant activement au couronnement de l'"empereur" Bokassa 1er (1977). Les ors et les pompes de Bokassa, les petites fleurs de Souleiado, sommes-nous réellement modernes ? D'autant qu'on réédite à tour de bras. En 1976, réapparaissent ainsi dans les meilleures vitrines, les meubles de Rietveld, Mackintosh, Le Corbusier, Hoffmann, et Loos tandis que le musée des Arts Décoratifs expose les sublimes productions des Shakers, architectures, vêtements et objets usuels mêlés. Toutes rééditions et expositions qui ne font que servir Habitat tant il existe de correspondances accessibles et lisibles avec ces grands ancêtres.

L'art, lui-même, glisse vers des notions plus environnementales : Jean-Pierre Raynaud ouvre au public sa maison toute carrelée de blanc (1974) ; Christo tend sa "Running Fence" à travers champs, collines et océan en Californie (1976) ; des lieux aussi "architecturaux" que PS1 à New-York (1976) ou le CAPC, Centre d'Arts Plastiques Contemporains, installé dans le gigantesque entrepôt Lainé à Bordeaux (1979) ouvrent leurs portes... Tout cela n'est pas sans effet sur la vie d'Habitat. Car tout cela procède d'une marche en avant à laquelle il participe pleinement.

Côté architecture et design, les deux mouvements qui se mettent en place, serviront également l'impact et la réalité d'Habitat. D'abord le "High Tech" qui naît en 1978 aux Etats-Unis (sous la plume de Joan Kron et Susan Slesin, et sous le crayon du designer Joe d'Urso) et dont on peut mesurer certaines retombées en France, telles l'érection du Centre Pompidou par Piano et Rogers (1977), l'ouverture des magasins Prism ou l'apparition de Philippe Starck. Ensuite, le "postmodernisme" dont les deux points d'apogée auront été le bâtiment des services publics de Portland, capitale de l'Oregon, édifié par Michael Graves (1980) et l'exposition "Présence de l'Histoire" présentée par le Festival d'Automne à la Chapelle de la Salpétrière à Paris (1981).

Deux façons naïves et tranchées de conjurer la modernité. La première en s'y pliant aveuglément dans ce qu'elle a de plus productiviste ; l'autre en voulant à tout prix la soumettre au passé. Une fois encore, Habitat sait se jouer, avec une habileté confondante, de l'une comme de l'autre. Comme si au fond, Habitat conjuguant passé et futur, était l'expression aboutie du présent. D'autant que dans la collection apparaissent les séries "Tech" et "City", parfaitement adaptées à ces deux tendances du moment.

Et sur scène, que se passe-t'il ? Une légèreté retrouvée. Si de leur côté Patrice Chéreau et Pierre Boulez montent la "Tétralogie" de Wagner pour le centenaire de Bayreuth (1976), Paris accueille le surprenant et sublime "Einstein on the Beach" de Bob Wilson et Phil Glass, admirablement chorégraphié par Andy De Groat (1976). C'est la porte ouverte à tous les chorégraphes de la nouvelle danse américaine : Merce Cunningham, Trisha Brown, Paul Taylor, Lucinda Childs, John Neumeier qui, en 1979, enflamment Paris. Tout comme Nina Comaneci avait

grand habitat

Parmi ces rêves, la réhabilitation ou la reconnaissance de l'architecture, du design, de la mode et de l'art culinaire en tant que disciplines culturelles.

Pour l'architecture, c'était, naturellement, acquis. Mais vingt-cinq ans de bétonnage systématique et de "mitage" extensif avaient failli faire oublier cette évidence. La décennie 80 allait être diablement architecturale : le bulding AT and T de Philip Johnson à New-York (1982), le gymnase de Massimiliano Fuksas à Palliano (1985), le siège de la Lloyd's à Londres signé Richard Rogers et celui de la Hong Kong et Shanghaï Bank à Hong Kong signé Norman Foster (1986), le musée de Ménil de Renzo Piano à Houston et l'Institut du Monde Arabe de Jean Nouvel à Paris (1987), la Grande Arche de Otto von Spreckelsen à La Défense (1989) et la Cité de la Musique de Christian de Portzamparc à La Villette (1990), les églises du japonais Tadao Ando et les musées du Californien Frank Gehry... allaient être autant de tours de force, de manifestes en faveur de la création architecturale. Toutes ces architectures avaient en outre le mérite de démontrer la capacité du monde à absorber des expressions multiples et plurielles. Qu'elles relèvent du "post-modernisme" (Johnson), du "high-tech" (Foster, Rogers), du "destructuré" (Gehry), du "dépouillé" (Ando), du "figuratif" (Fuksas), du "raisonné" (Piano, Portzamparc) ou encore du simplement "contemporain" (Nouvel), elles confortaient la justesse et l'éclectisme des choix d'Habitat dont la collection correspond à cet éclatement des goûts et des styles, à cette synergie de comportements.

Du côté du design, enfin sacralisé par la culture, le même phénomène de télescopage se produisait. L'arrivée de Memphis (1981) réhabilite la culture pop que Philippe Starck, éclectique et ambigu comme à son habitude, réinterprète au café Costes (1983). En 1983, une nouvelle génération de designers apparaît en France, les Sylvain Dubuisson, Sacha Ketoff, Nemo, Martin Szekely... bientôt suivie (1985) par la nouvelle génération britannique, Ron Arad, Tom Dixon, André Dubreuil, Dany Lane... Entre temps (1984), l'hôte de l'Elysée aura fait refaire ses appartements privés par un groupe d'architectes d'intérieur, et non des moindres puisqu'il s'agissait de Marc Held, Ronald Cecil Sportes, Philippe Starck, Annie Tribel et Jean-Michel Wilmotte. Tout ceci crée un engouement pour le design dont Habitat sera, entre autres, largement bénéficiaire. Même si le "style Barbare" (né de la "chaise barbare" créée par Elisabeth Garouste et Mattia Bonetti en 1984) et le "Bolidisme" (né en Italie en 1988 du mariage hâtif entre Futurisme et Memphis) ont, pour l'instant, les faveurs des médias. Parallèlement à cette envolée du design, on assiste à un vrai retour des arts décoratifs avec, notamment, les verseuses d'Olivier Gagnère, les céramiques de Matteo Thun et les verreries de Borek Sipek. Un retour dont on pourra mesurer les effets chez Habitat, notamment du côté des vases, des lampes et des bougeoirs.

En 1990, la magazine "Maison Française" demandait aux jeunes créateurs français de désigner les quatre créateurs français ayant marqué en profondeur la décennie des années 1980. Unanimement choisis, ces quatre lauréats furent : Jean-Paul Gaultier, Jean-Paul Goude, Jean Nouvel et Philippe Starck. Un quatuor parfaitement représentatif de la décennie.

## L'HEURE ESPAGNOLE

Habitat-France ne se limite pas à la France. Dans le partage auquel se livrèrent les deux sociétés sœurs et néanmoins indépendantes, il était convenu que l'Angleterre partirait à la conquête du Nouveau Monde et que la France se réserverait l'Europe continentale.

C'est ainsi que la Belgique et la Hollande, quelle qu'en soit la forme, dépendent de la France. Mais quatre magasins (1 en Belgique, 3 en Hollande) et deux pays ne sont pas tout le continent. Restent l'Allemagne, l'Italie, la Grèce, l'Autriche, le Portugal...

Lorsque Franco meurt en 1975, l'Espagne sort d'une longue léthargie qui l'a tenue hors du monde vivant, durant près de quarante ans. Seule Barcelone gardait une fenêtre ouverte sur l'extérieur. Communier en Gaudi ne lui suffisait pas. Elle continuait d'inventer formes et comportements. Des architectes comme Bohigas ou Tusquets, des designers comme Carlos Riart, des dessinateurs comme Mariscal la maintenaient hors de l'eau. D'autant que leur ami commun, Fernando Amat, était pour eux une précieuse courroie de transmission vers l'extérieur. D'expositions en relations, il faisait connaître leur travail, jusqu'au jour où, poussant la logique jusqu'à son aboutissement, Fernando Amat ouvrit, sur le Paseo de Gracia, le désormais célèbre "Vinçon". Un magasin étonnant, tout à la fois éloigné et complémentaire, proche et différent d'Habitat, mais dont le succès constant agissait comme une sorte de baromètre pour tous ceux que Barcelone, dans ce domaine, pouvaient tenter.

Depuis longtemps, Habitat-France lorgnait du côté de l'Espagne. Depuis longtemps, Habitat-France ressentait une profonde "envie d'Espagne". Et c'est en 1989, année de la nomination de Gilles Oudot à la présidence de la société, qu'Habitat-France enjamba les Pyrénées, créa sa filiale Habitat-Espagne et ouvrit son premier magasin à Barcelone, sur la Diagonal, un emplacement parfait.

Le succès est, à nouveau, immédiat. L'Espagne s'est retrouvée, et particulièrement Barcelone, avec une rapidité inouïe. En moins de vingt ans, elle est redevenue un partenaire crédible. Elle a rejoint la CEE, renoué ses liens séculaires avec l'Amérique Latine, restauré sa place en Méditerranée et réintégré le concert des nations.

Et 1992, devient l'heure espagnole : la même année, Madrid est capitale européenne de la culture, Séville accueille la dernière exposition universelle du siècle et Barcelone organise les Jeux Olympiques d'été. Tout cela, sur fond de célébration du cinquième centenaire de la découverte de l'Amérique.

Le choix espagnol d'Habitat-France a été, même si depuis longtemps décidé, parfaitement planifié dans le temps.

En 1993, un deuxième magasin Habitat ouvre à Valence ; en 1995 un troisième, ouvrira encore à Barcelone, sur la Plaza de Catalunya ; en attendant Madrid très prochainement...

L'aventure espagnole d'Habitat-France n'est d'ailleurs qu'un début. Déjà se profilent à l'horizon un désir d'Italie et une nécessité d'Allemagne. L'Italie est sans doute la plus difficile à conquérir et notamment en raison de sa situation politique, sociale et économique cahotique. Pour l'Allemagne, la récente

Pages 48 et 49. Fauteuils "M Chair". Structure acier laqué et coussins coton, création Innovator, 1973.

Page 50. Chauffeuses "Balluff". Mousse de polyéther et housses amovibles coton, création Innovator, 1982.

"Bed in a bag". Matelas futon, bourre de coton et toile coton écru, 1991.

Pages 52 et 53. Chaises "Palio". Hêtre massif teinté, 1992.

Pages 54 et 55. Vase "Valence". Céramique, 1990. Vase "Balte". Céramique, 1992. Vase "Satin". Verre soufflé, 1992.

Pages 56 et 57. Boites à chapeau "Cargo". Carton recyclé, 1992. Bougeoirs "Sapin". Bois teinté, 1983.

Page 70. Couverts "Bistrot". Manche ABS et lame inox, 1973.

Verre "Vendange". Verre sur pied mécanique, 1973.

Seau "Fleuriste". Métal galvanisé, 1993.

Page 81. Vases "Tank". Verre soufflé, 1990. Vases "Phuket".
Verre soufflé, 1992.

GEOGRAPHIES

L'élaboration des collections Habitat procède à la fois de l'intuition et de la perception des événements économiques, sociaux et culturels du moment.

Mais cette élaboration relève également des impressions rapportées de voyages dans le monde entier ; des lectures, des dialogues, des échanges opérés dans les différents pays traversés ; des liens qui se tissent, des évidences qui se lisent, des rencontres qui surgissent...

Deux types de voyages chez Habitat.

Ceux qui s'expriment dans la permanence : l'Angleterre, d'abord, parce qu'elle est l'origine bien sûr, mais aussi pour le charme et, principalement, les faïences anglaises, les arts de la table et... les pendules ; la Scandinavie (essentiellement la Suède et le Danemark), ensuite, à cause du naturel et de la blondeur d'une part, et de la science nordique dans le domaine des meubles à monter d'autre part.

Ceux qui s'expliquent par l'actualité, et que les décorations de Noël illustrent à merveille : selon que l'événement majeur de l'année se déroulera ici où là, Noël chez Habitat sera scandinave (vert, rouge et blond) ou byzantin (or mat), oriental, version mille et une nuits (or brillant) ou russe orthodoxe (argent mat comme les cadres des icônes)...

Néanmoins, les voyages d'Habitat ne se limitent ni au Nord, ni à Noël. Tout cela serait trop froid, trop enneigé. Et si plus de la moitié de la collection est "importée" (avec trois cas de figure bien distincts : la sélection d'un produit existant, sans modification ; l'adaptation plus ou moins élaborée d'un produit existant ; l'exportation d'une idée qu'on fait fabriquer ailleurs et que l'on ré-importe sous forme de produit fini), il faut bien qu'elle vienne d'ailleurs.

Quatre zones géographiques en fournissent l'essentiel : l'Europe de l'Est, l'Europe du Sud, l'Inde et l'Asie du Sud-Est.
• Formés par les scandinaves, les européens de l'est travaillent le bois à merveille, chacun avec sa singularité, sa spécificité, ses spécialités. La Tchécoslovaquie fournit des meubles à monter et "plaque" le pin à merveille. Les Polonais qui courbent encore le hêtre manuellement sont les champions de la chaise bistrot. Les Yougoslaves manient le pin massif et le transforment en meubles à monter. Les Roumains préfèrent les chaises pliantes en bois et seuls les Russes excellent dans le multiplis de bouleau (voir d'ailleurs la chaise "Taïga")...
Bois et meubles, meubles en bois, telles semblent être les attributions de l'Europe de l'Est...
• L'Europe du Sud apporte à Habitat plus de créativité sans doute, et des productions plus destinées au libre service, même si d'Italie arrivent quelques meubles et de nombreuses chaises.
D'Italie encore, des faïences, des verreries et les sublimes "terra cotta" qui font la gloire des jardins Habitat. Et si l'Espagne en est le principal fournisseur de lampes et luminaires, le Portugal de son côté lui apporte des faïences, des poteries et, surtout, des textiles avec le linge de toilette et les couvre-lits en coton comme vedettes...
• L'Inde, à elle seule, est un continent. Non seulement par sa

réalité topographique, géographique, démographique et éco-nomique, mais encore et surtout par les profondes relations qui se sont, au fil des années, tissées entre l'équipe d'Habitat et ce pays magique.

En provenance d'Inde, on trouve chez Habitat du fer forgé et des décorations de Noël ainsi que d'autres petites choses, tels des bougeoirs et des boîtes métal, à caractère éphémère.

Le vrai lien, c'est celui du textile, de tous les textiles, à cause de l'immense et multiple tradition de ce pays en la matière.

Imprimés de Madras et cotonnades de Bombay arrivent au mètre, ou sous forme de torchons, de nappes, de housses de coussins, de couvre-lits...

De Jaïpur au Rajahstan, les fameux tapis dhurries ; du Kerala le coco et les paillassons en végétal ; d'Amedhabad, capitale du Gujrat, les housses de coussins brodées...

• Et voici, enfin, l'Asie extrême, avec les porcelaines et la pape-terie du Japon ; la verrerie (vases et bougeoirs colorés mat) de Taïwan ; la vannerie (paniers et corbeilles en jonc tressé) de Canton, de Shanghaï et de Hong-Kong ; d'autres verreries et des petits accessoires de décoration pour Noël de Thaïlande ; des meubles en teck de Java ; du rotin en forme de meubles, des sièges et des paniers venus des Philippines ; et, toujours en droite ligne de Manille, des boules de Noël et des bougeoirs en papier mâché, une vieille tradition philippine...

Mais il ne suffit pas de livrer les sources fabricantes d'Habitat pour en démontrer les "géographies". Le magasin lui-même, pour peu qu'on l'explore avec gourmandise et curiosité, est un dépaysement, voire un ou plusieurs voyages.

• Dormir ailleurs :

Certaines choses deviennent si vite de telles évidences qu'on en oublie parfois qu'elles ont eu, ici, un commencement.

Deux manières de "dormir ailleurs" ont eu leurs grands débuts français chez Habitat : la couette, d'abord, venue d'Europe du Nord et d'Europe Continentale, là où les hivers sont si rigoureux qu'elle est absolument indispensable. Les hivers français sont loin d'atteindre les rigueurs suédoises ou poméraniennes et pourtant, on sait quel succès la couette a rencontré ici, dès 1973 ; le Futon, ensuite, ce socle de bois équipé d'un matelas qui se roule le jour et devient ainsi une banquette. Les Japonais l'ont mis au point pour résoudre leurs problèmes d'espace. C'est dire qu'il s'intégrait parfaitement à la conception qu'Habitat a de l'espace domestique. Et, malgré sa rigueur qui, apparemment, s'accorde mal aux attitudes alanguies des Latins, il a lui aussi remporté un franc succès.

• Voir ailleurs :

Là encore, les Japonais, avec toutes les lanternes en papier frippé monté sur des joncs irréguliers de bambou. Lanternes qui firent florès dans les années 1970, auxquelles le grand sculpteur Isamu Nogushi donna ses lettres de noblesse et qui continuent de séduire tout autant.

• Marcher ailleurs :

Des tapis, il y en a de toutes sortes chez Habitat. Du plus simple "coco" jusqu'aux tapis signés par des créateurs très actuels, en passant par des descentes de lit et des sorties de bains. Mais parmi cette myriade de carrés, de rectangles et d'ovales à poser au sol, un, émerge, éclate : le Dhurry, originaire de Jaïpur. La tradition du dhurry (dari en hindi) remonte probablement au XVIe siècle et coïncide avec l'arrivée des Mongols en Inde. Utilisations multiples, destinations multiples : on les trouvait, et on les trouve encore, au sol des palais et des maisons de paysan tout autant que des temples. Ils peuvent être d'une simplicité extrême, et encore d'une richesse inouïe dans les matières, les manières et les motifs. Rayures, zigzags, ornementations géométriques ou florales... ce qui étonne le plus, c'est la richesse d'invention des artisans qui les tissent. Des bleus et des blancs, des rouges et des jaunes vifs, primitifs ou sophistiqués, ils sont l'expression unique du respect de la tradition et de la spontanéité de la création. Tradition et création, un binôme tout fait pour séduire les acheteurs d'Habitat qui ont fait du dhurry, des dhurries, un des produits emblématiques de l'enseigne.

• Manger ailleurs :

Les voyages forment la jeunesse, c'est bien connu. Ils ouvrent également l'appétit. Et chez Habitat, l'appétit est presque une religion. Quel que soit le pays visité, l'essentiel n'est-il pas de communier à table ? Quoiqu'il en soit, voyage et appétit ont enrichi la collection d'objets au dessin parfait et à l'utilisation idéale. En les voyant, on ne peut s'empêcher de songer à une phrase de Léonard de Vinci qui disait à François 1er : "Sire, je vous ferai des canons aussi beaux qu'ils seront bons". Pourrait-on d'ailleurs rêver meilleure définition de ce qu'est - ou devrait-être - le design ?

Et cela donne quatre petites merveilles en terre cuite, émaillées ou pas, au sein desquelles se conjuguent la vapeur, l'étouffé, le mijoté et qui toutes diffusent saveur, senteur, chaleur : la brique à poulet venue d'Angleterre, le tagine du Maroc, le tandoori d'Inde et la Bagna Cauda d'Italie.

Auxquels il convient de rajouter, métalliques ceux-là, la poêle à paella d'Espagne ; le Wok (ustensile de forme incurvée, dôté d'un couvercle et qui permet de cuire à la vapeur, de frire, de sauter, de braiser, de mijoter...) en provenance de Chine ; enfin, le pot et l'égouttoir à Tempura (beignets de légumes et fruits de mer) du Japon.

Drôles de voyages que nous propose Habitat. Voyages en chambre, voyages en cuisine, voyages immobiles et pourtant lointains, virtuels et pourtant bien réels.

ENGLAND

Pages 106 et 107. Table et fauteuils "Strasse". Frêne massif teinté noir, 1986.

Pages 108 et 109. Horloge "Big Ben". Aluminium, 1991. Horloge "Junior". Métal chromé 1991. Horloge "Oxford". Aluminium, 1991. Horloge ronde noire. Plastique, 1984. Horloge ronde blanche. Plastique, 1984.

Couteaux à découper "Sabatier". Manche nylon et lame inox, 1973.

Page 111. Cuisine. "Kiwi". Structure mélaminé blanc, façades châtaignier teinté vert, 1989. Linge d'office "Kotwara" coton tissé main, 1974.

BRIQUE A
POULET

L'UTILISATION DE CETTE BRIQUE A FOUR POUR CUIRE LE POULET
LUI CONSERVE TOUTE SA SAVEUR, SON JUS ET SON AROME.

BRIQUE A
POULET

BRIQUE A
POULET

L'UTILISATION DE CETTE BRIQUE A FOUR POUR CUIRE LE POULET
LUI CONSERVE TOUTE SA SAVEUR, SON JUS ET SON AROME.

L'UTILISATION DE CETTE BRIQUE A FOUR POUR CUIRE LE POULET
LUI CONSERVE TOUTE SA SAVEUR, SON JUS ET SON AROME.

Pages 120 et 121. Briques à poulet. Terre cuite, 1973.

Page 122. Casiers à bouteilles. Bois naturel et métal, 1973.

Table basse "Transat". Hêtre massif teinté et contreplaqué de hêtre teinté, 1989. Verre à cognac "Bibendum". Verre mécanique, 1992.

Pages 134 et 135. Fauteuils "Régisseur". Structure hêtre massif et toile lin - coton, 1973.

Pages 136 et 137. Chiliennes "Safran". Structure hêtre massif huilée et toile coton, 1993. Parasol "Safran". Toile coton, 1993.

Canapé "Atlante". Structure hêtre massif et revêtement cuir pleine fleur rouge, 1986.

Page 139. Fauteuil "Cruise". Structure hêtre massif teinté et toile coton, 1991.

Pages 140 et 141. Chaises "Bistrot". Structure hêtre massif courbé et assise cannée, 1973.

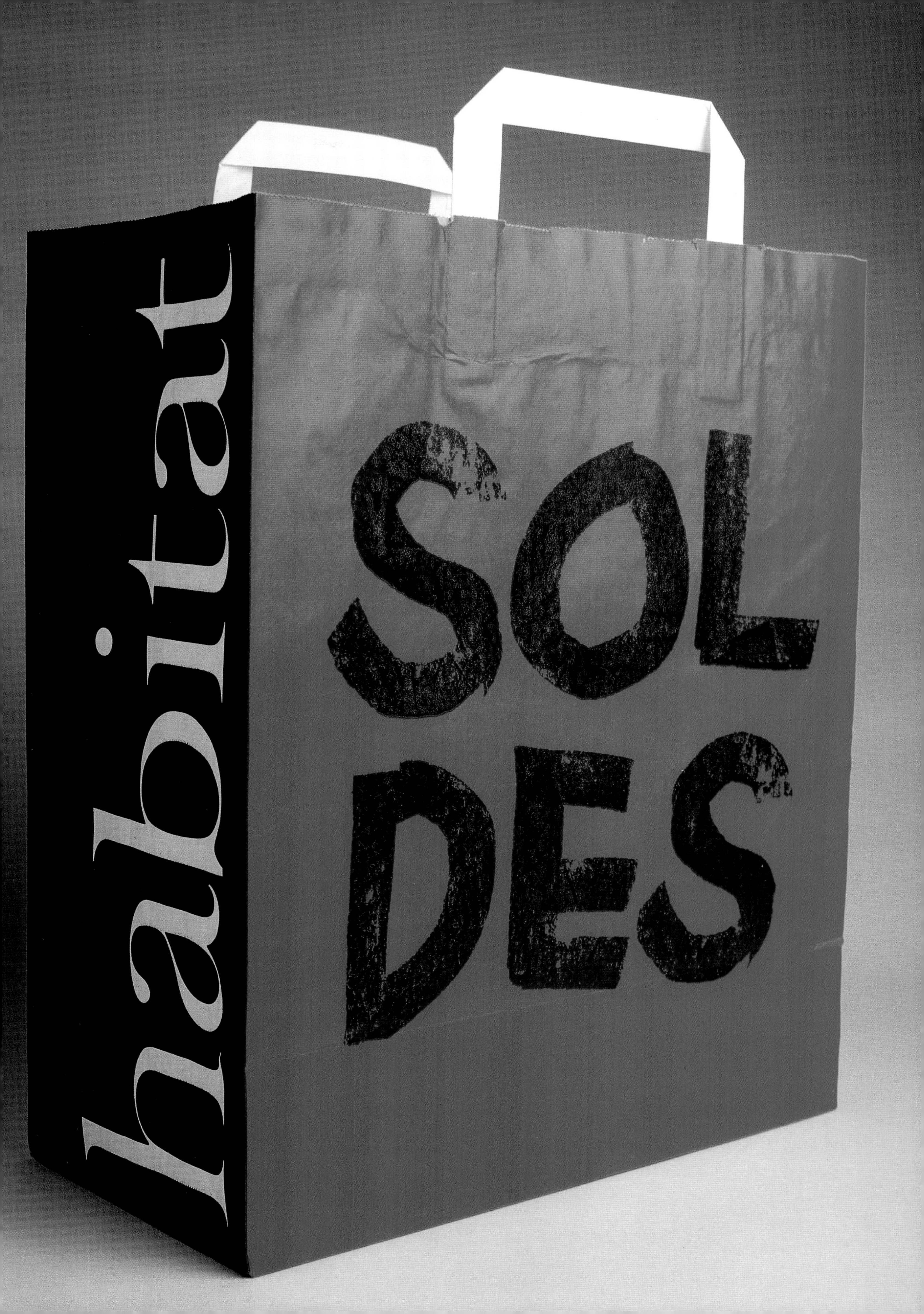
habitat
SOLDES

• Streamline :

Streamline, littéralement la ligne du courant, le fil de l'eau en mouvement, celle des rapides et des chevauchements... Streamline, un style qui exprime, exalte, capture le mouvement. Une définition parfaite pour un univers d'objets qui décrit l'image de la machine, la fascination de la vitesse, l'essor du transport et de la "traversée", qui induit immédiatement la civilisation de la banlieue et de la route, des stations-services et des coffee-shops, des gares routières ou ferroviaires et des cinémas de province. En résumé et en condensé, la culture des "diners", ces établissements carrossés comme une automobile ou une locomotive, brillants de tous leurs chromes, où se savourent hamburgers, french fries et sundaes et dont on ne sait s'ils sont des restaurants ou des wagons-restaurants.

C'est dans les années 1930 que le style Streamline naquit sous le crayon de quatre designers : Norman Bel Geddes, Henry Dreyfus, Raymond Loewy et Walter Dorwin Teague ; et dans les années 1940 et 1950 qu'il s'exprima à plein.

Chacun à sa manière, Eddy Mitchell avec sa "Dernière séance" et Dick Rivers avec ses costumes, ses guitares et ses voitures chromées et acidulées, assurent au Streamline une survie médiatique non négligeable en France.

C'est au libre-service des magasins Habitat que le Streamline continue d'exister pleinement ici. Côté cuisine, avec le plateau "Elipse" en inox gratté, la fameuse "Push can", les bouilloires chromées, les tasses à café "Inox", et, brillant de tous leurs reflets métalliques, le presse-agrumes, la boule à sucre, le shaker et le siphon ; même la machine à faire les pâtes évoque plus Little Italy que Naples ; et pour couronner, éclatant, le toaster "Dualit"...

Côté salle de bains, avec la gamme d'accessoires "Steel" et l'applique "Grifo" en aluminium poli et verre opale... Ici ou là, l'horloge "Métro" et la pendulette "Life Style". Enfin, avec les meubles et notamment la table basse "Buick" (la bien nommée) la table-guéridon "Kipsi" que l'on trouve dorénavant dans tous les bistrots branchés, et un fauteuil, célèbre et anonyme, en tube et lattes d'aluminium, proche cousin de la chauffeuse tout en métal que dessina, en 1938, l'américain Hans Coray...

• Contemporain :

Nous voilà revenus aux "apparitions factuelles" dont on ne sait encore si elles dureront ce que durent les roses, ou bien si elles conserveront une quelconque pérennité au sein de la collection Habitat.

Elles recouvrent, en tout cas, les quatre moments les plus célébrés de ces toutes récentes années. Qu'il s'agisse du "High Tech", parangon de la civilisation du loft, ou du "Post modernisme" appelation derrière laquelle se regroupent tous les refus et toutes les appréhensions que la modernité engendre, Habitat assure : avec la série "Tech" et ses multiples déclinaisons, la suspension en acier "Entrepôt" ou les grosses roulettes de tables basses à la Joe D'Urso pour le premier ; avec la table "Barcelona", le fauteuil "Horus" et la chaise "Domino" qui ont comme un faux air de Mario Botta, le canapé "Healey" et le fauteuil "Rapsody" vagues cousins du fauteuil "MG" de Michael Graves, ou encore, peut-être, la lampe "Arum" et le bougeoir "Bianco" petites sculptures en plâtre du plus ravissant et précieux